Grandes scènes illustrées par :

Annick Bougerolle :	pages 60-61, 62-63, 64-65, 66-67, 68-69
Marie-Marthe Collin :	pages 16-17, 20-21, 26-27, 30-31, 32-33, 34-35, 36-37, 40-41
Pascale Collange :	pages 10-11, 12-13, 14-15, 24-25, 74-75, 76-77
Bruno Le Sourd :	pages 70-71, 72-73
Danièle Schulthess :	pages 18-19, 22-23, 28-29, 38-39, 46-47, 48-49, 50-51, 52-53, 54-55, 56-57, 78-79, 80-81, 82-83, 84-85, 86-87, 88-89
Pascale Wirth :	pages 42-43, 44-45, 58-59

 - ISBN : 208161334-0
Imprimé en France par P.P.O. Graphic - 93500 Pantin - 02-2002 - n° d'impression : 3315
Dépot légal : mars 2002 - Flammarion (n° 1384)
Loi n° 49-956 du 16 juillet 1949 pour les publications destinées à la jeunesse.

Anne Fronsacq

MON GRAND IMAGIER

Illustrations :
Annick Bougerolle
Marie-Marthe Collin
Pascale Collange
Bruno Le Sourd
Danièle Schulthess
Pascale Wirth
et Christian Broutin, Kersti Chaplet,
Maryse Graticola,
Noëlle Herrenschmidt,
Romain Simon,
Amélie Veaux

Père Castor
Flammarion

SOMMAIRE

LA MAISON

À LA CRÈCHE ET À L'ÉCOLE

LES ENGINS

LES FÊTES

Voici **Mon grand imagier** à regarder en famille à partir de deux/trois ans jusqu'à six ans et au-delà.

- Pour les plus jeunes, c'est une initiation au vocabulaire, au classement, à l'abstraction.
- Pour les plus grands, c'est la découverte des mots, de courtes phrases qui les préparent à la lecture.
- Pour tous, petits et grands, c'est une première encyclopédie vivante.

Au fil des pages, **Mon grand imagier** s'ouvre sur des scènes qui font partie de l'environnement direct de l'enfant ou de son intérêt immédiat. Les enfants prendront plaisir à retrouver des situations, des lieux, des objets, des personnages qu'ils connaissent déjà et à les nommer.
Puis guidés par un adulte ou un aîné, ils exploreront des scènes de leur vie quotidienne : les pièces de la maison, la ville, les activités de l'école, la nature, les principales fêtes,...

Chaque double page propose et décrit une scène bien précise :

- **Au centre :**
  une grande scène fourmille d'éléments à repérer, à identifier, à nommer, à décrire.
- **Sur la page de gauche :**
  quelques lignes situent et décrivent la scène représentée ;
  sous la forme d'un jeu « cherche et trouve », l'enfant est incité à retrouver dans la grande scène des objets, des actions, des détails, des personnages ;
  une devinette l'invite à identifier un objet mystère présent dans la grande scène.
- **Sur la page de droite :**
  quatre éléments, présents ou non dans la grande scène, sont illustrés et accompagnés d'une courte définition. Ils enrichissent et prolongent la découverte du thème.

Vous pouvez adapter les jeux proposés en fonction des intérêts et de l'âge de votre enfant. Libre à vous d'en imaginer d'autres. Laissez-vous guider par ses réactions. Inventez des histoires à partir des scènes représentées et raccordez-vous à ses expériences vécues.
Cet imagier est le vôtre et celui de votre enfant. Il deviendra entre vos mains et les siennes un merveilleux outil d'éveil, d'apprentissage et de plaisir partagé.

DANS LA CHAMBRE DE BÉBÉ

Dans la chambre du bébé, maman plie ses petits vêtements et les range dans les tiroirs de la commode. La sœur aînée apporte un biberon de lait tiède pour son petit frère qui joue dans son parc. Le bébé voudrait bien attraper le jouet que lui tend son grand frère…

CHERCHE ET TROUVE :

- une couverture 
- un ours en peluche et un ballon  
- un boulier et un hochet  
- deux chaussons et un gilet  
- un camion et huit cubes en bois 
- un couffin 
- un grand dessin et un livre  

QUI SUIS-JE ?

Je fais du bruit quand on m'agite et j'amuse le bébé.

Un lit à barreaux

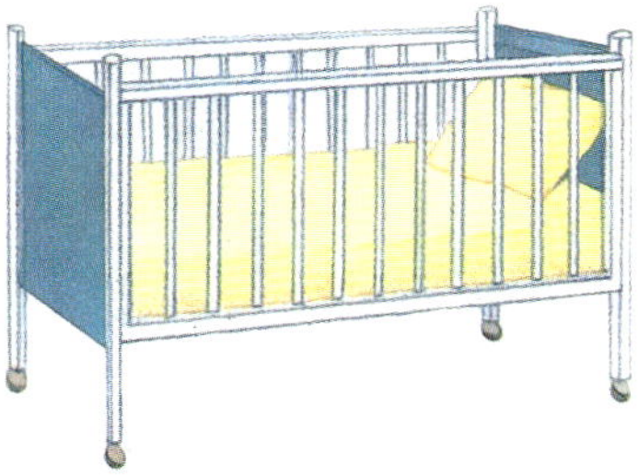

Le bébé dort ou se repose dans un lit avec des barreaux qui l'empêchent de tomber.

Une gigoteuse

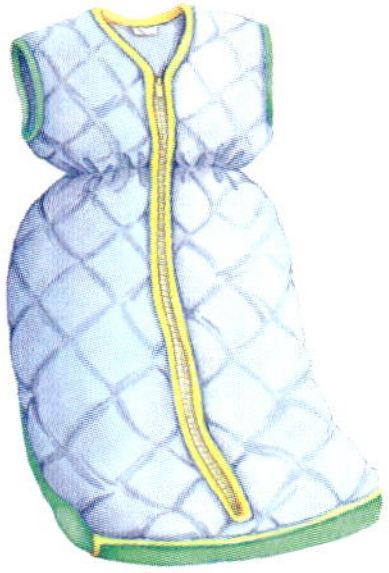

Dans la gigoteuse, le bébé est bien au chaud, il peut remuer sans risquer d'attraper froid.

Une couche

On change la couche du bébé dès qu'elle est mouillée ou sale parce qu'il a fait caca ou pipi dedans.

Un mobile

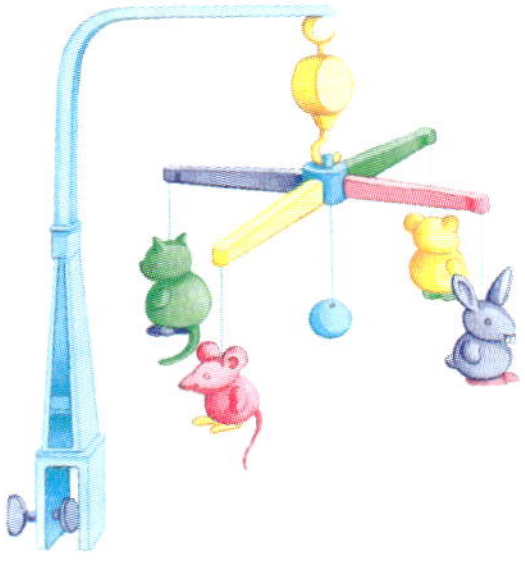

Le bébé suit des yeux les animaux du mobile qui bougent et tournent au son d'une petite musique.

DANS LA CHAMBRE DES GRANDS

Le matin, les deux aînés qui partagent la même chambre s'habillent tout seuls. Ils ont chacun leur lit, mais l'un est en hauteur, ce qui leur laisse plus de place pour jouer. Depuis qu'elle a six ans, la fille dort dans le lit du haut, car elle est assez grande pour faire attention quand elle grimpe à l'échelle.

CHERCHE ET TROUVE :

- une casquette 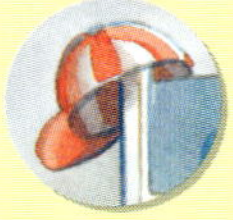
- une chaussure et deux pantoufles 
- un coffre à jouets et un panier à linge 
- un pingouin en peluche et une poupée 
- deux oreillers et un drap 
- des livres sur une étagère 
- un radiateur 

QUI SUIS-JE ?

J'ai quatre pieds et l'ours en peluche me trouve confortable.

Une salopette

La salopette est un vêtement d'une seule pièce, composé d'un pantalon et d'un haut retenu par des bretelles.

Une robe de chambre

À la maison, pour avoir bien chaud, on enfile une robe de chambre par-dessus son pyjama ou sa chemise de nuit.

Un pyjama

Comme la chemise de nuit, le pyjama est un vêtement que l'on met pour dormir.

Un ours en peluche

L'ours en peluche est un compagnon doux et soyeux : c'est le doudou préféré des petits.

DANS LA CHAMBRE
DES PARENTS

Le dimanche, on peut se réveiller plus tard et on a tout son temps pour se lever. Les enfants ont le droit de venir dans la chambre des parents. Papa ou maman restent parfois couchés et disent qu'ils font « la grasse matinée ». C'est amusant de grimper dans leur lit pour les chatouiller.

CHERCHE ET TROUVE :

- un téléphone et une photo  
- des lunettes et un journal  
- des fleurs et un miroir 
- un tapis et un tabouret 
- une table de chevet 
- le matelas et le sommier 
- deux robes de chambre 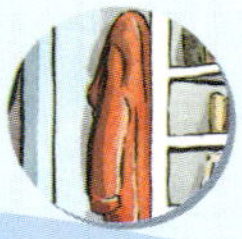

QUI SUIS-JE ?

J'ai deux portes : un côté étagères pour ranger les vêtements et un côté penderie.

Un réveil

Le réveil indique l'heure et on le fait sonner le matin pour nous faire lever.

Une lampe de chevet

On allume la lampe de chevet, placée près de la tête du lit, avant de se lever ou pour lire dans son lit.

Une commode

Dans les tiroirs de la commode, on range le linge et les petits vêtements.

Une bibliothèque

Sur les étagères de la bibliothèque, les livres sont alignés debout ou rangés couchés s'ils sont très grands.

DANS LA CUISINE

Plusieurs appareils ménagers sont installés dans la cuisine pour préparer les repas, cuire la nourriture, conserver les aliments, laver la vaisselle. Le matin, enfants et parents y prennent leur petit déjeuner. Dans les placards, on range la vaisselle, les casseroles, ainsi que les réserves de nourriture.

CHERCHE ET TROUVE :

- **deux bols et deux ronds de serviette**

- **un lave-vaisselle**

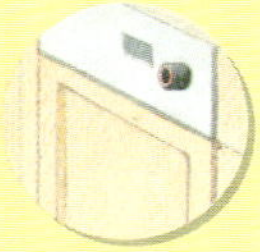

- **une bouteille de lait et une boîte de cacao**

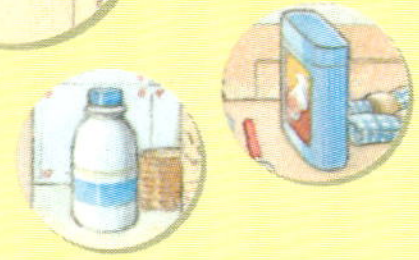

- **un sucrier et un beurrier**

- **des passoires et un couvercle**

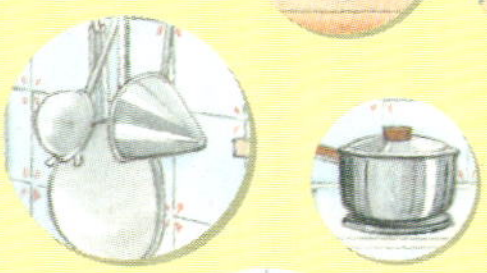

- **le robinet de l'évier**

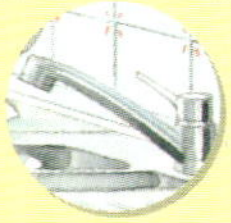

- **quatre tartines et un pot de confiture**

QUI SUIS-JE ?

Si on me ferme mal,
je coule goutte à goutte.

Un réfrigérateur ou « frigidaire »

Le réfrigérateur permet de conserver au froid les aliments. Dans le congélateur, on place la glace et les aliments surgelés.

Un robot ménager

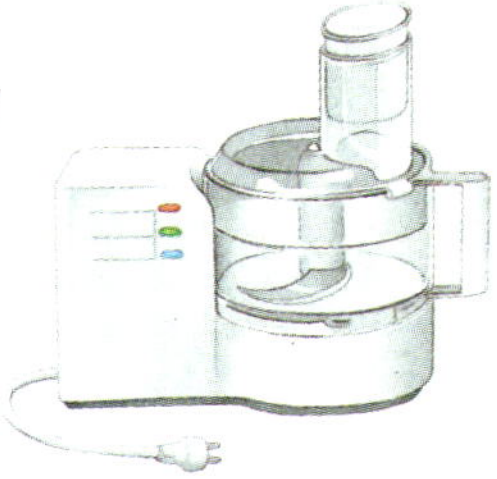

Ce robot ménager hache la viande en petits morceaux et râpe les légumes rapidement : il fait gagner du temps.

Une cafetière électrique

La cafetière électrique fait du café avec du café moulu et de l'eau.

Une cuisinière

On cuit les aliments dans le four de la cuisinière et sur ses feux à gaz ou sur ses plaques électriques.

DANS LA SALLE DE BAINS

Quel plaisir de jouer dans son bain avant de se laver ! Dans la salle de bains, il y a toujours un lavabo et une baignoire ou une douche. Souvent, on y place le lave-linge. On peut aussi y installer une table à langer pour faire la toilette du tout-petit ou lui changer sa couche sale.

CHERCHE ET TROUVE :

- un tube de dentifrice et trois verres à dents 
- des peignoirs et des serviettes 
- deux brosses à cheveux et un peigne 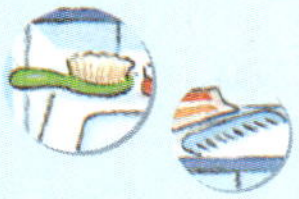
- des gants de toilette 
- du savon et une brosse à ongles 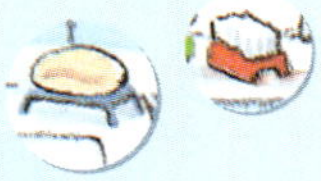
- des cotons-tiges et un tube de crème 
- une armoire à pharmacie 

QUI SUIS-JE ?

Je souffle de l'air chaud et grâce à moi les cheveux sont vite secs.

Un lavabo

On se lave les mains directement sous le robinet du lavabo ou on met de l'eau dans la cuvette pour se laver le visage.

Une baignoire

Quand on place le bouchon dans le trou de la baignoire, on peut s'allonger et prendre un bain dans beaucoup d'eau.

Une douche

Dans la douche, on est debout et on dirige le jet d'eau directement sur le corps pour se laver.

Les cabinets ou WC ou toilettes

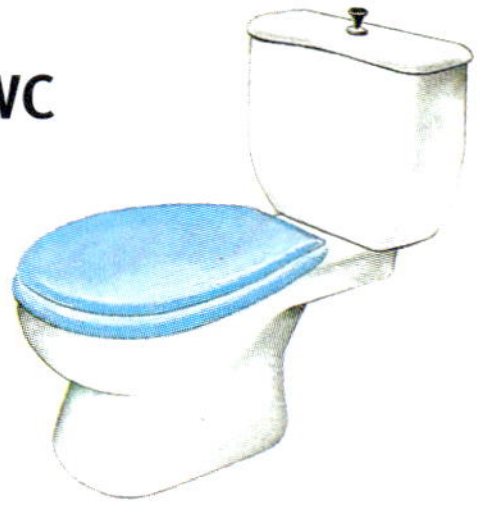

Les cabinets sont installés dans une pièce spéciale ou dans la salle de bains. Il y a une cuvette, un siège et une chasse d'eau.

DANS LA SALLE DE SÉJOUR

Le séjour est la pièce principale de la maison ou de l'appartement. Tout le monde s'y retrouve pour bavarder, jouer à des jeux de société ou recevoir des amis. Souvent, on y dîne en famille. Après, tous s'installent confortablement dans le canapé ou les fauteuils pour lire, écouter de la musique ou rêver…

CHERCHE ET TROUVE :

- **un fauteuil et deux tableaux** 
- **un lampadaire et son abat-jour** 
- **un pichet et quatre assiettes** 
- **un saladier et des couverts à salade** 
- **une pelle à tarte et des yaourts** 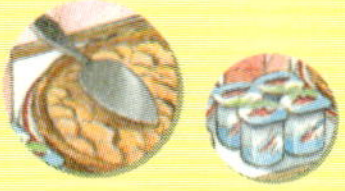
- **du pain et des mouillettes** 
- **une salière et un dessous de plat** 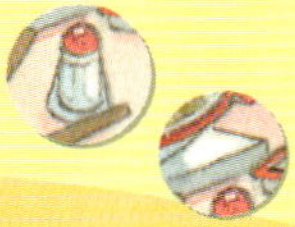

QUI SUIS-JE ?

Je suis presque rond
et on me déguste chaud
avec des mouillettes.

Une chaîne hi-fi

Une chaîne hi-fi permet d'écouter des émissions à la radio ou de la musique en plaçant un cédé ou une cassette audio dans le lecteur.

Un magnétoscope

Le magnétoscope sert à enregistrer des films ou des émissions de télévision et à regarder des cassettes vidéo sur l'écran du téléviseur.

Un canapé

Sur un canapé, on peut s'asseoir à plusieurs, appuyer sa tête sur le dossier et poser ses bras sur les accoudoirs.

Une table roulante

La table roulante est pratique pour servir et desservir. On y place la vaisselle et les plats pour les porter de la cuisine à la table du repas.

DANS LE GARAGE

Dans une maison, il y a en général un garage pour mettre la voiture à l'abri la nuit. On y range aussi les outils et accessoires de jardin, les vélos, les vêtements de pluie, les jeux et les jouets encombrants. Le garage est surtout le lieu idéal pour bricoler en famille et jouer quand il fait mauvais dehors.

CHERCHE ET TROUVE :

- une scie et une perceuse 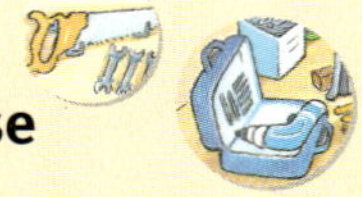
- un marteaux et six clous 
- des sachets de graine et un plantoir 
- un râteau et une bêche 
- deux raquettes et un patin à roulettes 
- un arrosoir et un balai 
- trois jardinières et un sac de terre 

QUI SUIS-JE ?

J'ai quatre roues, un moteur
et je coupe l'herbe de la pelouse.

Un pneu

Les pneus en caoutchouc entourent les roues des véhicules. Ils sont gonflés d'air pour amortir les chocs.

Un VTT ou Vélo Tout Terrain

Les roues épaisses et crantées du VTT permettent de rouler sur les chemins pleins de bosses et de trous.

Un établi

L'établi est une grande table spéciale en bois ou en métal pour bricoler avec toutes sortes d'outils.

Une brouette

Une brouette a une roue et deux brancards. Elle sert à transporter de la terre ou des choses lourdes.

DANS LE JARDIN

C'est agréable d'habiter une maison avec un jardin. On peut y cultiver des fleurs, des arbres et même des légumes. Derrière la clôture et le portail fermé, les enfants jouent au ballon sans danger, à l'abri de la rue et des voitures. L'été, ils barbotent dans une petite piscine installée sur la pelouse.

CHERCHE ET TROUVE :

- **un seau et une pelle**
- **les pétales des marguerites**
- **un short et un tee-shirt**
- **une glycine qui grimpe sur la façade**
- **trois maisons et six volets**
- **un immeuble avec un balcon**
- **le portail et la clôture**
- **le seuil de la porte d'entrée**

QUI SUIS-JE ?

Quand il fait très chaud dehors,
on nous chausse pieds nus.

Un tuyau d'arrosage

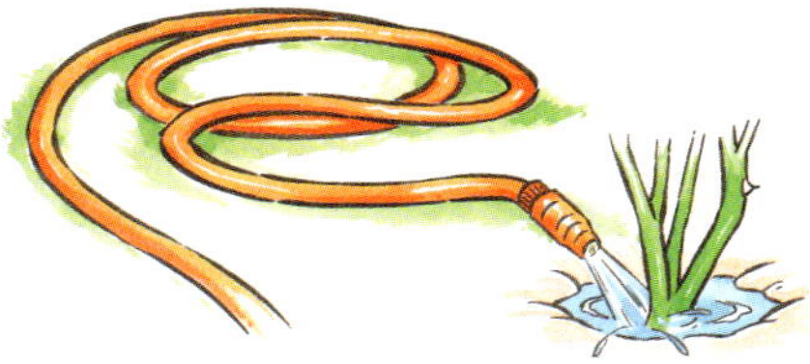

On arrose les fleurs et les légumes du jardin à l'aide d'un tuyau d'arrosage raccordé à un robinet.

Une piscine

On gonfle d'air les boudins de la piscine puis on la remplit d'eau qui se réchauffe au soleil.

Un tricycle

Le tout-petit pédale facilement sur un tricycle grâce à ses trois roues.

Une tondeuse à gazon

La tondeuse à gazon coupe l'herbe de la pelouse bien rase.

À LA CRÈCHE

Dans la journée, les bébés et les enfants de moins de trois ans peuvent aller à la crèche. Des éducatrices s'occupent d'eux pendant que les plus grands sont à l'école et que leurs parents travaillent. Les tout-petits jouent ensemble, mangent, se reposent et se font des amis.

CHERCHE ET TROUVE :

- **un garçon qui regarde un album** 
- **une petite fille qui mange** 
- **deux hochets et un chien en peluche**  
- **un bébé qui suce son pouce** 
- **deux enfants qui battent des mains** 
- **un bébé qui marche à quatre pattes** 
- **une locomotive en bois** 

QUI SUIS-JE ?

Je suis tout doux et tout léger.
Les petits posent sur moi leur derrière ou leur tête pour se reposer.

Un portique

Le bébé s'amuse à attraper, à agiter, à faire tourner les jouets accrochés au portique.

Un tapis d'éveil

Sur un tapis d'éveil, il y a beaucoup de choses à découvrir, à écouter et à toucher.

Un transat

Dans un transat, le bébé est assis ou allongé. Quand il veut se balancer, il agite ses jambes.

Un trotteur

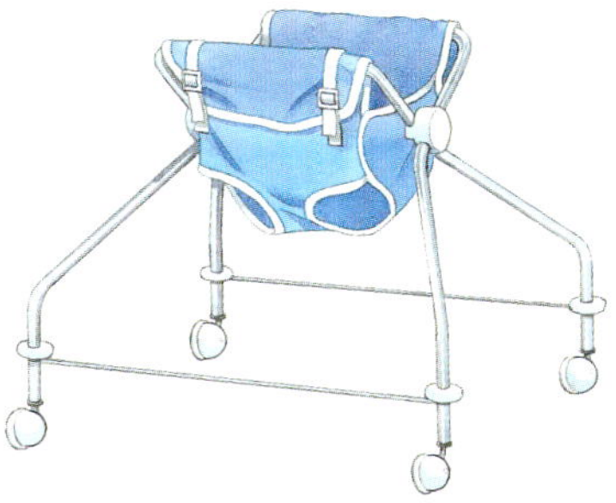

Installé dans un trotteur, le tout-petit place un pied devant l'autre pour avancer.

DEVANT L'ÉCOLE

Les enfants traversent la rue en utilisant le passage pour piétons. Ils arrivent devant l'école maternelle accompagnés par leurs parents. Beaucoup se réjouissent de retrouver leurs amis, certains s'inquiètent un peu. Dans la cour, la directrice les accueille tous et les rassure.

CHERCHE ET TROUVE :

- **le trottoir et le caniveau** 
- **un bébé dans un porte-bébé** 
- **une petite fille avec des nattes** 
- **les guirlandes sous le préau** 
- **une petite fille qui dit au revoir à son petit frère** 
- **deux enfants qui attendent pour traverser** 
- **deux enfants qui se disent bonjour** 

QUI SUIS-JE ?

D'habitude je brille dans le ciel,
ici je souris sur un mur.

Un cartable

Quand on va à l'école, on emporte un cartable pour transporter livres, cahiers et crayons.

Un sac à goûter

Dans le sac à goûter, on met de quoi manger à la récréation : un jus de fruit, des biscuits...

Un panneau de signalisation

Ce panneau de signalisation prévient les automobilistes qu'ils doivent faire attention aux enfants.

Un passage protégé

Le passage protégé est l'endroit où les piétons peuvent traverser la rue. Les voitures doivent s'arrêter pour les laisser passer.

DANS LA CLASSE

Après avoir accroché leurs vêtements aux portemanteaux du couloir, les élèves entrent dans la classe et disent bonjour à la maîtresse. Des enfants sont déjà installés : certains jouent au domino, d'autres au loto, une petite fille enfile des perles. Deux filles s'occupent des plantes et des animaux.

CHERCHE ET TROUVE :

- un garçon qui suce son pouce 
- un enfant qui offre des anémones 
- une fille qui construit une tour 
- trois étiquettes avec un prénom 
- trois pots à crayons et des crocus  
- quatre dessins sur les murs  
- une fille qui nourrit le hamster 

QUI SUIS-JE ?

Je suis ronde et les nombres de 1 à 12 sont inscrits sur mon cadran.

Un calendrier

Les douze mois de l'année sont notés sur le calendrier. Pour chaque mois, les semaines et les jours sont indiqués.

un puzzle

Il faut de la patience pour assembler tous les morceaux du puzzle et reconstituer l'image.

Un aquarium

Les poissons qui vivent dans un aquarium mangent des insectes, des plantes séchées et des vers.

Un vivarium

C'est intéressant d'observer la tortue à travers la vitre du vivarium.

À LA RÉCRÉATION

Quand sonne l'heure de la récréation, les enfants sortent dans la cour. Sous la surveillance de la maîtresse, ils courent, font du tricycle, jouent au basket, glissent sur le toboggan... Ils ne manquent pas d'idées ni de jeux pour s'occuper et la récréation leur paraît toujours trop courte.

CHERCHE ET TROUVE :

- **les barreaux de la cage à grimper** 
- **une fille qui tire un chariot** 
- **un enfant qui démoule un pâté** 
- **un garçon sur des échasses** 
- **une fille sur des patins à roulettes** 
- **deux ballons et deux pneus**  
- **un garçon qui farfouille dans une brouette** 

QUI SUIS-JE ?

On me tient par le guidon
et on me fait avancer
en poussant avec un pied.

Une maison

Dans cette petite maison, on peut s'asseoir, se cacher, jouer à la marchande...

Un bac à sable

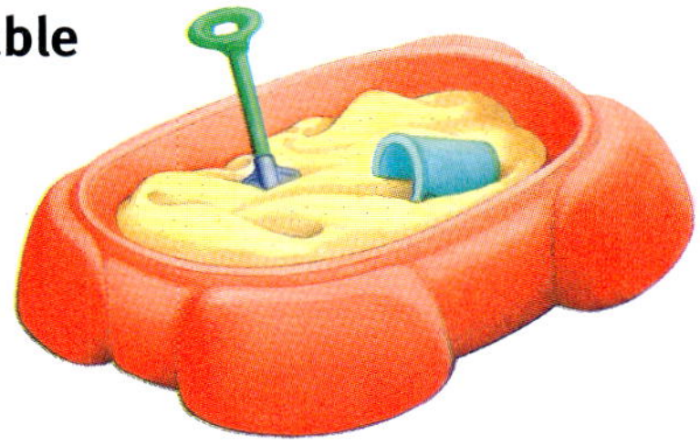

Dans les bacs à sable, les enfants font des pâtés avec un seau et des moules.

Un ballon sauteur

On s'assied sur le ballon sauteur et on avance en faisant des bonds, les mains agrippées à la poignée.

Un toboggan

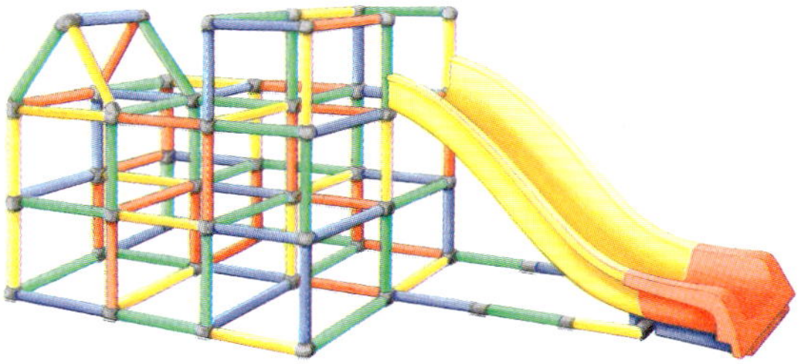

On s'assoit sur la piste tout en haut du toboggan et on se laisse glisser jusqu'en bas.

LES ACTIVITÉS MANUELLES

Des enfants peignent au pinceau, au rouleau ou à l'éponge sur une grande feuille accrochée à un chevalet. Les autres font des dessins, du modelage, du découpage, du collage, utilisent des pochoirs, des timbres à imprimer... Puis ils rangeront tout sans oublier de se laver les mains.

CHERCHE ET TROUVE :

- un enfant qui dessine par terre 
- un enfant qui peint au pochoir 
- des emporte-pièces et un tube de colle  
- une fille qui colle des gommettes 
- des crayons feutre et une trousse  
- un enfant qui découpe 
- une ribambelle de bonshommes 

QUI SUIS-JE ?

On me déroule un peu,
puis on me coupe et on me colle
pour assembler deux choses.

La pâte à modeler

On fait des boules avec de la pâte à modeler, ou bien on l'aplatit et on la pétrit pour obtenir des formes ou des objets.

Les ciseaux

Pour réaliser des découpages, il faut tenir les ciseaux bien droit et faire attention à ne pas se couper avec les lames.

Une boîte de peinture

Avec les pastilles de la boîte de peinture et un pinceau, on peut réaliser des mélanges de couleurs.

Un tampon encreur

On presse le timbre à imprimer sur le tampon encreur avant de l'appuyer sur la feuille.

L'HEURE DE MUSIQUE

Dans la salle décorée de guirlandes, les enfants jouent avec des marionnettes, chantent et dansent. Ils forment un petit orchestre : chacun joue d'un instrument différent. La maîtresse les accompagne à la guitare. Mais attention, il faut garder le ton et le rythme !

CHERCHE ET TROUVE :

- **une crécelle que fait tourner une fille** 
- **une trompette et un harmonica**  
- **des castagnettes et des grelots**  
- **un tambourin** 
- **un garçon qui tape sur un triangle** 
- **des confettis et des serpentins** 
- **une fille qui porte un masque** 

QUI SUIS-JE ?

Nous sommes plates et rondes, et nous résonnons quand on nous frappe l'une contre l'autre.

Une flûte

Il faut souffler dans la flûte tout en plaçant les doigts de ses deux mains sur les trous.

Un xylophone

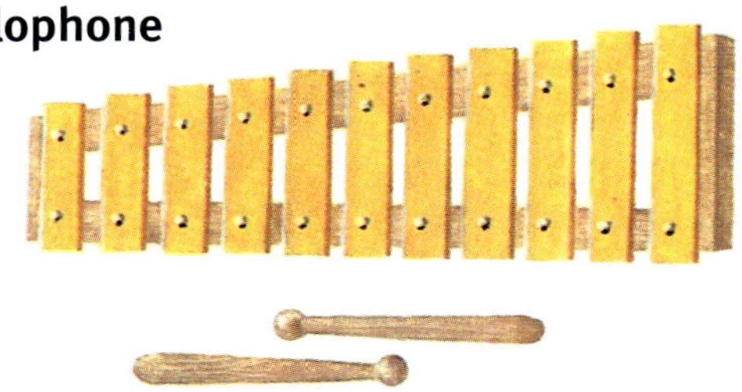

On frappe les lames en bois ou en métal du xylophone avec deux baguettes en bois.

Une guitare

La guitare est un instrument de musique à six cordes que l'on pince avec les doigts.

Des maracas

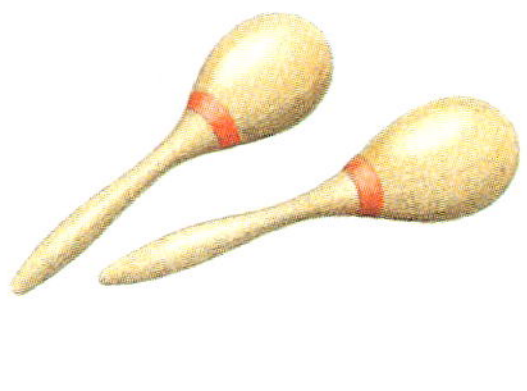

Dans les maracas, il y a des grains durs. On les agite en suivant le rythme de la chanson.

AU SQUARE

Dès qu'il fait beau, les enfants vont prendre l'air au square. Un terrain de jeux y a été installé. Les enfants jouent aussi avec les jouets qu'ils ont apportés, retrouvent leurs amis ou s'en font de nouveaux. Les parents et les baby-sitters les surveillent ou jouent avec les plus petits.

CHERCHE ET TROUVE :

- une femme assise sur un banc 
- deux sacs jaunes et un poupon  
- un chien à roulettes et huit oiseaux  
- une dame avec des lunettes 
- un porteur et un tricycle  
- un enfant assis en haut du toboggan 
- un bébé qui apprend à marcher 

QUI SUIS-JE ?

J'ai quatre roues, une antenne et je roule sans personne au volant.

Une bascule

La bascule est une balançoire pour deux enfants qui s'assoient chacun d'un côté. Quand l'une des extrémités s'abaisse, l'autre s'élève.

Un cheval à ressort

Sur un cheval à ressort, le jeune enfant peut se balancer dans tous les sens.

Un portique

Les balançoires sont suspendues au portique. On installe les petits dans une nacelle, les grands se tiennent tout seuls aux deux cordes.

Une pyramide

Pour monter jusqu'en haut de la pyramide, on peut grimper un à un les barreaux ou utiliser les prises du mur d'escalade.

DANS LA GRANDE SURFACE

Quand les placards et le réfrigérateur sont presque vides, il faut aller faire les courses au supermarché. On se promène dans les allées et on place dans le chariot ce qu'on a choisi dans les rayons. On renifle au passage les odeurs des fruits, du fromage ou du poisson. Ensuite, on va à la caisse pour payer.

CHERCHE ET TROUVE :

- **trois enfants assis dans un chariot** 
- **un homme qui tient une baguette de pain** 
- **un homme qui pèse des légumes** 
- **deux caissières et les tapis roulants**  
- **le rayon boucherie** 
- **un étal de légumes** 
- **le rayon des surgelés** 

QUI SUIS-JE ?

Presque toutes les femmes m'emportent, au bras ou à l'épaule, quand elles sortent.

Un chariot

On place dans le chariot les produits que l'on veut acheter pour les transporter jusqu'à la caisse.

Un sac à provisions

Dans le sac à provisions, on porte les petits achats comme le pain et le journal.

Une caisse enregistreuse

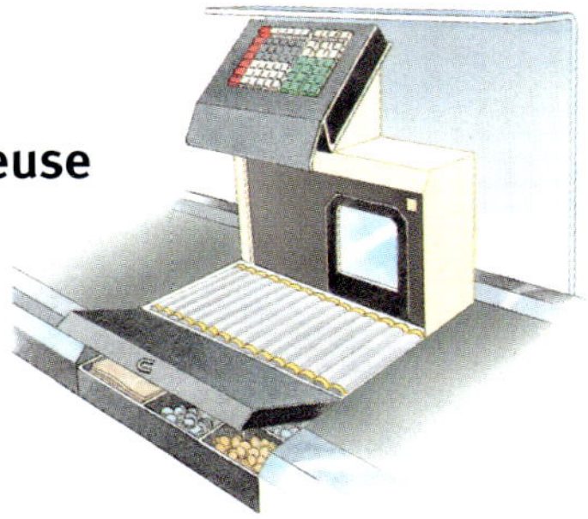

La caisse enregistreuse imprime la liste et le prix des produits présentés et indique à l'acheteur combien il doit payer.

De l'argent

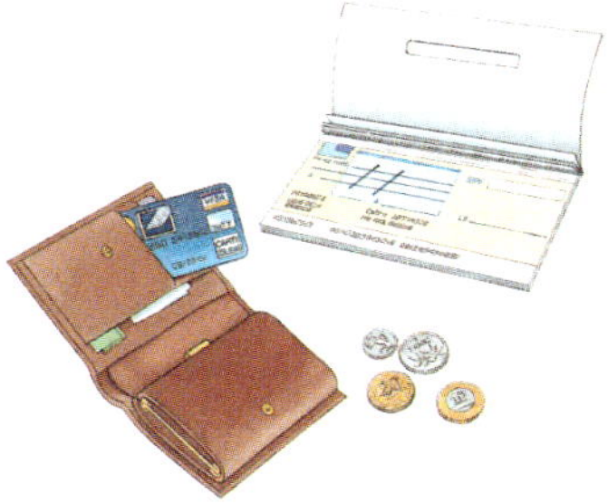

On peut payer avec des pièces et des billets, en faisant un chèque ou en remettant sa carte bancaire.

LES FRUITS
DU MARCHÉ

Les étals de fruits donnent l'eau à la bouche. Au marché et chez les marchands de primeurs, on trouve les fruits de saison mais aussi des fruits exotiques qui viennent des pays chauds. Les noix de coco, les ananas et bien d'autres encore arrivent en France par avion ou par bateau.

CHERCHE ET TROUVE :

- **du raisin et des citrons**
- **une barquette de framboises**
- **des melons et trois ananas**
- **des quetsches et des avocats**
- **deux noix de coco**
- **des poires et des pêches**
- **des régimes de bananes**

QUI SUIS-JE ?

Je suis toute verte à l'extérieur et rose à l'intérieur.

Des fraises

La fraise est un fruit du printemps et de l'été. Petite, parfumée et sucrée, elle se mange nature, au sucre ou à la crème.

Des kiwis

Sous sa peau brune, le kiwi cache une chair verte et juteuse.

Des mangues

La mangue est un gros fruit tropical, à la peau fine et lisse. Sa chair jaune, douce et sucrée, entoure un très gros noyau.

Des pamplemousses

Le pamplemousse est un fruit à pépins. On mange sa pulpe, juteuse mais un peu acide, saupoudrée de sucre.

LES LÉGUMES DU MARCHÉ

L'étal du marchand de légumes attire par ses formes et ses couleurs. Selon les légumes, on mange les racines et les tubercules (carottes, pommes de terre), les feuilles (salades), les fruits (aubergines), les bulbes (oignons), les tiges (asperges) ou les graines (petits pois).

CHERCHE ET TROUVE :

- des bottes de poireaux 
- cinq choux-fleurs et un chou rouge  
- des oignons et une tresse d'ail  
- sept poivrons rouges et des salades 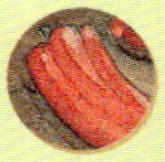 
- un morceau de citrouille 
- des bouquets de persil et de ciboulette  
- des courgettes et des aubergines  

QUI SUIS-JE ?

Je suis rose et blanc
et on me mange cru avec du sel
et du beurre.

Des pommes de terre

Les frites sont faites avec des lamelles de pommes de terres frites dans l'huile et la purée avec des pommes de terre cuites et écrasées.

Une tomate

La tomate est un fruit qui se prépare comme un légume et se mange cru ou cuit.

Une carotte

La carotte est une racine rouge-orangée que l'on peut manger crue ou cuite.

Un concombre

Le concombre se mange le plus souvent cru en salade. Les cornichons sont de petits concombres.

À LA CAMPAGNE

Par une belle journée de printemps, quel bonheur de se promener à la campagne ! La famille s'est installée pour pique-niquer. Les enfants peuvent courir dans les prés, ramasser des fleurs, jouer au bord du ruisseau. Pendant que le bébé dort dans son couffin, les parents écoutent les oiseaux chanter.

CHERCHE ET TROUVE :

- **deux pommes vertes et un paquet de chips**

- **quatre gobelets et un rouleau d'essuie-tout**

- **deux assiettes de sandwichs**

- **une gourde**

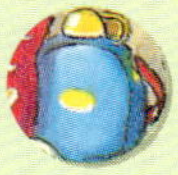

- **deux buissons en fleurs**

- **un bouquet et une couronne de fleurs**

- **une mésange et un nid**

QUI SUIS-JE ?

Je tourne dans l'eau grâce au courant.

Une glacière

Dans la glacière, on met de la glace ou des glaçons pour maintenir les aliments et les boissons au frais.

Une hirondelle

Chaque hiver, les hirondelles s'envolent pour les pays chauds et reviennent dès les premiers jours du printemps.

Des oisillons

Pour nourrir les oisillons qui ne savent pas encore voler, leurs parents leur donnent la becquée.

Des sandwichs

Un sandwich est fait de deux tranches de pain entre lesquelles on place du jambon, du fromage, de la salade...

À LA PLAGE

Lorsque la marée est basse, il y a davantage d'espace sur la plage. Les plus petits s'amusent à bâtir des châteaux de sable. Les grands jouent aux raquettes, font la course sur le sable mouillé ou lancent leur cerf-volant. Les parents bronzent tranquillement tout en surveillant leurs enfants.

CHERCHE ET TROUVE :

- **la queue des cerfs-volants** 
- **deux sandales**  **et deux casquettes** 
- **un moule vert**  **et des coquillages** 
- **la maman qui aide les enfants** 
- **la crème solaire**  **et des lunettes de soleil** 
- **deux raquettes dans un panier** 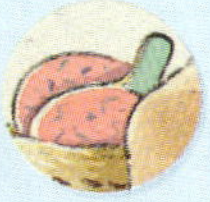
- **un seau rempli d'eau** 

QUI SUIS-JE ?

Plus le vent souffle fort,
plus j'avance vite sur l'eau.

Un drap de plage

Un drap de plage est une serviette en éponge, assez grande pour qu'on puisse s'allonger dessus ou s'enrouler dedans pour s'essuyer.

Un parasol

Le parasol protège des rayons brûlants du soleil et évite d'attraper des coups de soleil.

Une raquette

Il y a plusieurs sortes de raquettes pour lancer et renvoyer une balle.

Un cerf-volant

Le cerf-volant s'élève dans le ciel quand on le tire face au vent. Il faut faire attention à ne pas lâcher la ficelle qui le retient.

DANS LA MER

En été, comme il est agréable de se rafraîchir dans la mer ! Les enfants courent au bord de l'eau, se baignent et s'éclaboussent. Les petits ont enfilé des brassards ou des bouées pour ne pas risquer de se noyer ni même de boire la tasse. Quant aux bébés, ils pataugent dans les flaques.

CHERCHE ET TROUVE :

- cinq mouettes et deux cerfs-volants 
- un enfant qui apprend à nager 
- un petit bateau et deux moules 
- quatre parasols et un drapeau vert 
- une fille qui sait nager 
- une dame qui lance un frisbee 
- une bouée 

QUI SUIS-JE ?

Nous sommes parfois bordées d'écume, et nous éclaboussons souvent les baigneurs.

Des brassards

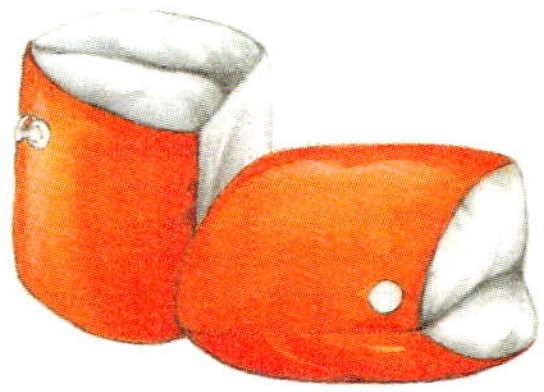

Des brassards gonflés d'air aident à flotter sur l'eau.

Des palmes

Les palmes sont des sortes de chaussures en caoutchouc prolongées d'une nageoire. Elles permettent de nager plus vite.

Un masque

Le masque de plongée protège les yeux et permet de voir ce qu'il y a dans la mer : les poissons, les coquillages...

Un tuba

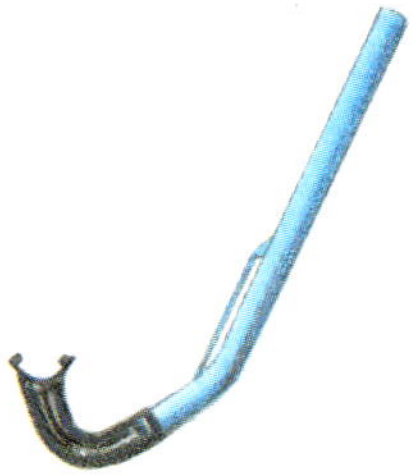

Un tuba est un tube qui permet de respirer quand on nage la tête sous l'eau.

DANS LES ROCHERS

De nombreux animaux et oiseaux marins vivent sur nos côtes. Des crustacés, des crabes et des crevettes se cachent sous les algues ou dans les creux des rochers. Si on trouve une étoile de mer, on peut la prendre pour l'observer, mais après, il vaut mieux la remettre dans l'eau.

CHERCHE ET TROUVE :

- une fille qui regarde dans son épuisette 
- deux oiseaux sur les rochers 
- une étoile de mer et un crabe  
- des moules et des algues  
- des berniques 
- un enfant qui gratte le sable avec un râteau 
- deux mouettes en vol 

QUI SUIS-JE ?

Je marche de côté et j'attrape la nourriture avec mes pinces.

Des algues

Les algues sont des plantes sans racines qui vivent dans l'eau.

Des coquillages

La coquille des coquillages est fabriquée par l'animal qui vit dedans.

Un bernard-l'ermite

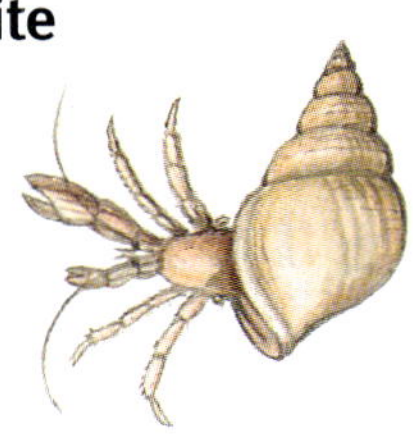

Le bernard-l'ermite n'a pas de coquille. C'est pourquoi il s'installe dans des coquilles abandonnées.

Une mouette

La mouette plonge pour attraper les poissons. Elle laisse l'empreinte de ses pattes palmées sur le sable.

EN FORÊT

Dans la forêt, en automne, on fait des découvertes parmi les feuilles mortes : des glands, des châtaignes, des marrons et aussi des plumes. Au pied des arbres poussent des champignons – mais attention, si certains sont comestibles et même succulents, d'autres sont vénéneux ou mortels.

CHERCHE ET TROUVE :

- **un escargot sur une souche** 
- **un bébé dans sa poussette** 
- **des fougères et deux cèpes**  
- **deux arbres aux feuilles encore vertes** 
- **trois oiseaux**  
- **un bouquet de feuilles et de plumes** 
- **une fille à vélo** 

QUI SUIS-JE ?

Je me déplace très lentement avec ma maison sur le dos.

Des feuilles mortes

À l'automne, les feuilles mortes se détachent des branches et tombent sur le sol.

Des bogues

La bogue est l'enveloppe hérissée de piquants qui protège le marron et la châtaigne.

Des champignons

Les cèpes et les morilles sont des champignons recherchés car particulièrement délicieux.

Une fougère

La fougère a de très grandes feuilles finement découpées.

DANS LA NEIGE

Certains jours d'hiver, la neige tombe à la grande joie des enfants. Ils sortent bien emmitouflés et se régalent à se rouler dans la neige, à dévaler les pentes, à faire un bonhomme de neige. Et la sortie se termine souvent comme elle a commencé, par une grande bataille de boules de neige !

CHERCHE ET TROUVE :

- un enfant sur une glissoire 
- un tas de boules de neige 
- quatre écharpes et trois bonnets  
- une luge en bois 
- des arbres dénudés 
- trois cheminées qui fument  
- une voiture 

QUI SUIS-JE ?

Je tiens chaud à la fois à la tête et au cou des enfants.

Des moufles

Les moufles sont des gants d'hiver en tissu épais où seul le pouce est séparé des autres doigts.

Une doudoune

La doudoune est une veste très chaude, imperméable, rembourrée de duvet.

Une luge

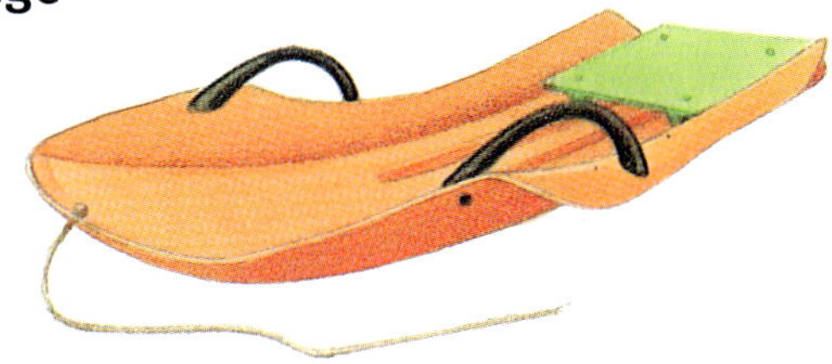

La luge est un petit traîneau sur lequel on s'installe, assis ou à plat ventre, pour glisser sur la neige et descendre les pentes.

Des skis

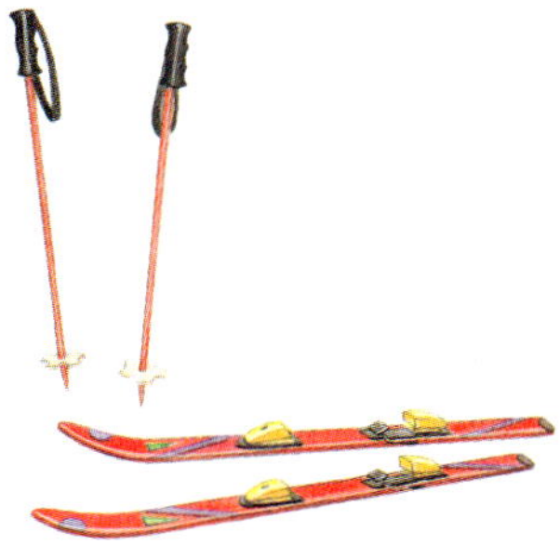

Les skis sont des planches longues et étroites qui permettent de glisser sur la neige en s'aidant de bâtons.

NOS ANIMAUX FAMILIERS

De nombreux animaux – du chat au chien, en passant par le hamster, sans oublier les poissons et les canaris – peuvent vivre avec nous à la maison. Les enfants aiment s'en occuper et jouer avec eux. Ces animaux de compagnie sont doux, gentils, et se laissent faire tant qu'on ne les ennuie pas trop.

CHERCHE ET TROUVE :

- **le collier et la truffe du chien** 
- **deux canaris sur leur perchoir** 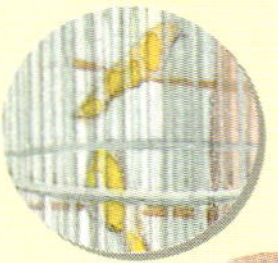
- **sept poissons rouges** 
- **un hamster** 
- **deux jouets pour le chat** 
- **de la paille pour le hamster** 
- **de la nourriture pour les oiseaux** 

QUI SUIS-JE ?

J'ai des écailles et des nageoires.

Un chien

Le chien est le meilleur ami de l'homme : il est son compagnon, son défenseur et son gardien.

Un cochon d'Inde ou cobaye

Le cochon d'Inde est un petit animal à fourrure, un peu plus gros que le hamster. Comme lui, il n'a pas de queue.

Un canari

Un canari est un petit oiseau chanteur qui ne se nourrit que de graines.

Un chat

Le chat sait rentrer ses griffes et faire patte de velours. Mais c'est un redoutable chasseur de souris, de rats et d'oiseaux !

LES ANIMAUX DE LA FERME

À la ferme, petits et grands peuvent nourrir les animaux : des graines pour les poules, des carottes aux lapins, de l'herbe bien verte pour les vaches et les moutons. Si le fermier est d'accord, on peut récolter les œufs tout chauds et – pourquoi pas ? – s'essayer à traire une vache et boire son lait tiède.

CHERCHE ET TROUVE :

- un coq et deux poules  
- trois vaches et un veau 
- un poulain et un âne  
- une oie et un dindon  
- six poussins et cinq canetons  
- une chèvre et un bouc  
- une cane et un canard colvert  

QUI SUIS-JE ?

J'ai quatre pattes, de longues oreilles et j'adore grignoter.

Un caneton

Le caneton cancane ; il est le petit de la cane et du canard.

Un poussin

Les poussins sortent des œufs de poule. En grandissant, ils deviennent des poulets.

Un agneau

L'agneau est le petit de la brebis et du bélier, et comme eux, il bêle.

Un veau

Pendant la première année de sa vie, on appelle veau le petit de la vache et du taureau.

LES ANIMAUX DES CHAMPS

Les chemins et les champs fourmillent de petits animaux. Si l'on s'approche doucement, on pourra admirer les oiseaux aux plumages colorés, découvrir les petits insectes sur les herbes et les fleurs, un lézard endormi. Avec beaucoup de chance, on peut parfois apercevoir un lièvre qui détale...

CHERCHE ET TROUVE :

- **trois corbeaux** 
- **une mésange et un moineau**  
- **un faisan et une perdrix**  
- **une sauterelle** 
- **une mouche** 
- **une coccinelle et deux abeilles**  
- **un escargot** 

QUI SUIS-JE ?

Au début de ma vie, j'étais une chenille poilue, maintenant j'ai des ailes élégantes.

Un lièvre

Les pattes du lièvre sont plus longues que celles du lapin : c'est pour cela qu'il est très rapide à la course.

Une pie

On dit que la pie est voleuse, car elle rapporte dans son nid tout ce qui brille. Elle jacasse, c'est son cri.

Un lézard

Le lézard est un petit reptile aux pattes courtes et à la longue queue. Il se nourrit d'insectes et aime se chauffer au soleil.

Une coccinelle ou bête à bon Dieu

Les coccinelles sont très utiles : elles mangent les pucerons qui détruisent les plantes.

LES ANIMAUX DE LA FORÊT

Quand nous nous promenons dans la forêt, nous voyons peu d'animaux. En effet, les bêtes sauvages craignent le bruit et les hommes. Mais dès que nous nous éloignons, ou si nous restons longtemps silencieux et immobiles, elles ressortent une à une de leurs cachettes et reprennent leurs activités.

CHERCHE ET TROUVE :

- un renard et une chouette  
- un rouge-gorge et un crapaud  
- deux écureuils 
- un pivert et un geai  
- un faon et deux biches 
- les bois du cerf 
- un blaireau et un sanglier  

QUI SUIS-JE ?

Quand j'ai peur, je deviens une boule de piquants.

Une belette

La belette est un petit mammifère au corps souple et fin. Ses proies préférées sont les lapins et les mulots.

Une biche

La biche est la femelle du cerf et son petit s'appelle le faon. Elle ne porte pas de bois sur la tête.

Un écureuil

L'écureuil est un petit rongeur à la queue rousse en panache. Il vit dans les arbres et grignote noisettes, glands et pommes de pin.

Un renard

Le renard a un pelage roux et une queue touffue. Il se nourrit de lapins, de mulots et adore les poules !

LES ANIMAUX DES PAYS CHAUDS

Les plus grands animaux du monde, la girafe, l'éléphant, l'hippopotame, vivent dans la savane africaine. Certains animaux se reposent à l'ombre des acacias, d'autres vont boire et se rafraîchir dans l'eau des mares. La gazelle et le zèbre doivent savoir courir vite pour échapper aux griffes acérées du lion.

CHERCHE ET TROUVE :

- **une lionne et un lion** 
- **un bébé zèbre près de sa mère** 
- **quatre flamants roses** 
- **quatre hippopotames** 
- **cinq gazelles et trois gnous**  
- **le soleil et un sommet enneigé** 
- **un troupeau d'éléphants** 

QUI SUIS-JE ?

J'ai la peau très épaisse et une grande corne sur le museau.

Une girafe

Avec son cou qui n'en finit pas et ses longues pattes, la girafe est l'animal le plus haut du monde.

Un lion

Le lion rugit. Il a une épaisse crinière, son petit s'appelle le lionceau et sa femelle la lionne.

Une gazelle

Grâce à ses longues pattes fines, la gazelle est très rapide à la course.

Un éléphant

L'éléphant est impressionnant par son poids et sa taille. Il a une longue trompe et des défenses en ivoire.

LES ANIMAUX DE LA BANQUISE

La banquise est une épaisse couche de glace qui se forme à la surface des mers polaires. Les animaux qui y vivent sont protégés du froid par une épaisse fourrure ou une grosse couche de graisse. Pour se tenir chaud, les jeunes manchots tournent sur place en se serrant les uns contre les autres.

CHERCHE ET TROUVE :

- **un bébé phoque et sa maman** 
- **deux morses** 
- **trois pingouins** 
- **un manchot qui étend ses ailes** 
- **deux ours polaires** 
- **la nageoire dorsale d'une orque** 
- **deux albatros** 

QUI SUIS-JE ?

Ma fourrure est d'un blanc laineux et je sais marcher sur mes pattes de derrière.

Un morse

Les longues défenses du morse mâle lui servent dans les combats contre les autres mâles et de point d'appui quand il grimpe sur la glace.

Une orque ou un épaulard

L'orque est un mammifère marin féroce à la longue nageoire dorsale. Il se nourrit surtout de phoques.

Un pingouin

Le pingouin est un oiseau qui vit au pôle Nord. Il plonge pour attraper des poissons.

Un manchot

Le manchot ressemble au pingouin, mais il vit au pôle Sud et ses petites ailes très courtes ne lui permettent pas de voler.

EN
VILLE

De nombreux engins et véhicules circulent dans les rues. Ils arrivent de tous côtés, se croisent aux carrefours, tournent autour des places, freinent et s'arrêtent aux feux rouges. Que de bruits ! On entend les coups de klaxons, les pétarades des moteurs, le hurlement des sirènes.

CHERCHE ET TROUVE :

- **un autobus et un taxi**

- **deux motos et un vélo**

- **deux déménageurs dans un monte-meuble**

- **trois pompiers et la grande échelle**

- **deux minibus et une camionnette**

- **un homme qui se fait arroser**

- **une balayeuse et un camion-poubelle**

QUI SUIS-JE ?

Je remorque les véhicules accidentés ou en panne jusqu'au garage.

Une ambulance

L'ambulance est une voiture spécialement équipée pour transporter les blessés ou les malades jusqu'à l'hôpital.

Un autobus ou **bus**

Pour se déplacer en ville, on peut prendre l'autobus.

Un car de police

Les policiers se déplacent dans un car de police. S'ils sont pressés, ils actionnent leur sirène et allument leur gyrophare.

Un camion de déménagement

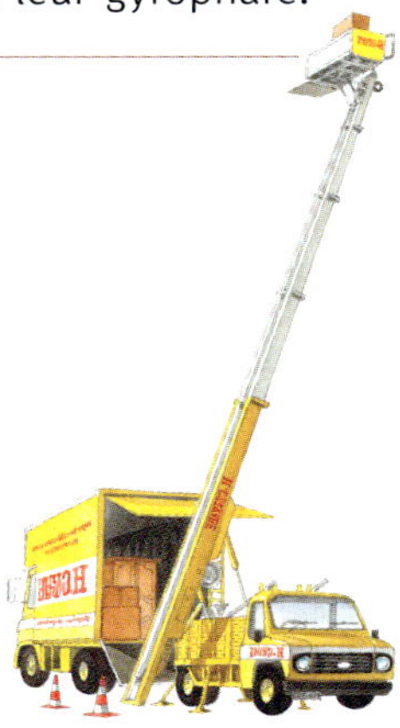

Quand une famille change d'adresse, les déménageurs emportent les meubles et les cartons dans leur camion.

SUR LES ROUTES

Hors des villes, les véhicules roulent sur des routes ou des autoroutes. Sur les autoroutes, aucun véhicule ne vient en face : il y a une chaussée séparée pour chaque sens. Alors les voitures peuvent rouler vite. Mais attention à ne pas dépasser la vitesse autorisée !

CHERCHE ET TROUVE :

- **un camion transportant du bois** 
- **un transporteur de véhicules** 
- **deux cyclistes** 
- **sept voitures rouges** 
- **le clocher d'une église** 
- **des panneaux de signalisation routière**  
- **un semi-remorque et un van**  

QUI SUIS-JE ?

Je suis à la fois une maison et une voiture.

Un monospace

Le monospace est une grande voiture où huit personnes peuvent s'asseoir confortablement.

Un autocar

On prend l'autocar pour voyager par la route, entre deux villes ou deux villages.

Un camion frigorifique

Le camion frigorifique permet de transporter des aliments frais ou surgelés sans qu'ils puissent se réchauffer.

Une caravane

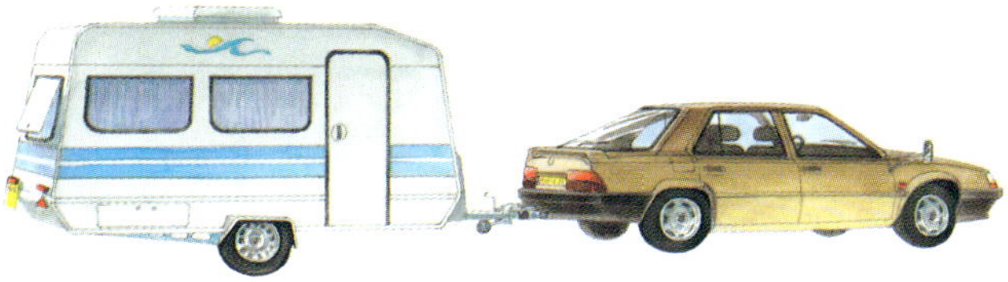

La caravane est un véhicule aménagé pour le camping et tracté par une voiture.

DANS LA VALLÉE

Sur la rivière qui serpente dans la vallée entre deux montagnes, naviguent des bateaux et des péniches. Comme les voitures et les camions, les trains empruntent parfois un tunnel qui passe sous la montagne. Les routes et les voies ferrées traversent les cours d'eau sur un pont ou un viaduc.

CHERCHE ET TROUVE :

- **l'arche du viaduc** 
- **un train sur la voie ferrée** 

- **une église et deux pompes à essence**  
- **un tracteur et deux voitures**  
- **la cabine de pilotage de la péniche** 
- **un hélicoptère** 
- **l'entrée du tunnel** 

QUI SUIS-JE ?

Grâce à moi, on traverse la rivière sans se mouiller.

Une péniche

Une péniche transporte des marchandises sur les fleuves et les rivières.

Un ULM
ou **Ultra-Léger-Motorisé**

L'ULM est un tout petit avion sans cabine à une ou deux places.

Un hélicoptère

Grâce à sa grande hélice, l'hélicoptère décolle et atterrit verticalement et peut rester immobile dans les airs.

Un TER

Le TER est un train express régional qui circule entre les villes.

SUR LA CÔTE

À l'abri de la jetée, des bateaux de pêche et de plaisance sont amarrés le long des quais. Le phare s'allume le soir pour signaler l'entrée du port. Dans le ciel, les mouettes tournoient en piaillant. Un pétrolier glisse sur l'horizon. Les pêcheurs ramassent les filets avant d'aller vendre le poisson.

CHERCHE ET TROUVE :

- **cinq bittes d'amarrage** 
- **un homme et son chien** 
- **un phare**  **et des filets de pêche** 
- **une planche à voile et deux voiliers**  
- **un bateau à moteur**  **et un canot pneumatique** 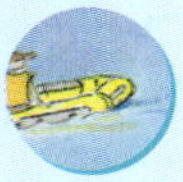
- **un pêcheur à la ligne** 
- **la vendeuse de poissons** 

QUI SUIS-JE ?

Avec mon filet au bout de mon manche, j'attrape des crevettes ou des petits poissons.

Un sardinier

On pêche les sardines à bord du sardinier.

Un catamaran

Le catamaran
est un voilier à deux coques.

Un pétrolier

Dans ses soutes, le pétrolier transporte
du pétrole jusqu'à des usines où il sera
transformé en essence, en gazole, en mazout...

Un dériveur

Les enfants apprennent à faire de la voile sur de petits
dériveurs à leur taille.

LA FÊTE D'ANNIVERSAIRE

Tous les ans, pour fêter son anniversaire, on invite des amis en leur remettant, quelques jours avant, des cartes d'invitation. Quand tout le monde est réuni dans la maison décorée, on joue, on se déguise, puis le héros de la fête reçoit ses cadeaux et souffle les bougies du gâteau.

CHERCHE ET TROUVE :

- **un enfant aux yeux bandés** 
- **un jeu de pêche à la ligne** 
- **quatre assiettes et des sucettes**  
- **deux gobelets avec une paille** 
- **une sarbacane pour lancer des boules de cotillon** 
- **trois chapeaux en carton** 
- **un garçon maquillé en clown** 

QUI SUIS-JE ?

On m'allume et on m'éteint.
Parfois je me rallume toute seule.

Un gâteau d'anniversaire

Sur le gâteau d'anniversaire, chaque bougie représente une année.

Des friandises

Les bonbons sont des friandises très sucrées, souvent parfumés avec des jus de fruit.

Un mirliton

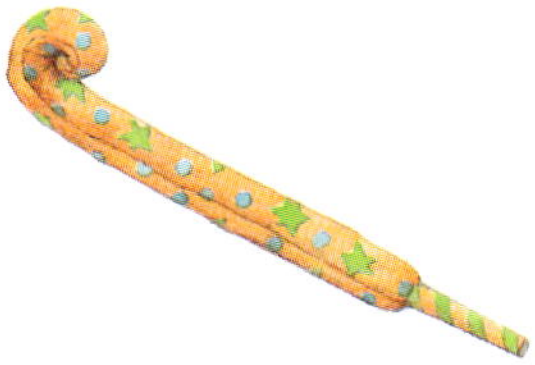

On souffle et le mirliton de papier se déroule en faisant un bruit de trompette.

Un cadeau

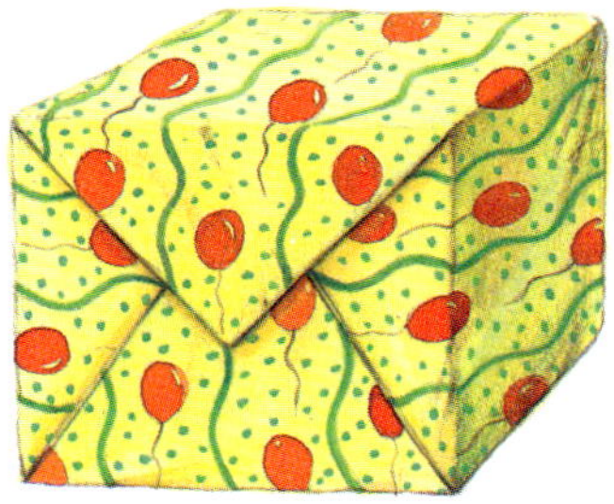

On nous offre des cadeaux pour fêter le jour de notre naissance.

LA FÊTE DES ROIS

Le 6 janvier, le jour de l'Épiphanie, on tire les rois. On partage la galette en autant de parts qu'il y a de personnes présentes. Le plus jeune se cache sous la table et indique à qui donner chaque part. Celui qui trouve la fève dans sa part reçoit la couronne et devient le roi ou la reine de la fête.

CHERCHE ET TROUVE :

- l'enfant qui a trouvé la fève 
- l'enfant qui est déçu 
- une bouteille de jus d'orange 
- deux couronnes et cinq parts de galette  
- trois santons 
- deux serviettes de table 
- quatre verres et huit assiettes  

QUI SUIS-JE ?

Je suis ronde, dorée comme le soleil, et on me pose sur la tête.

Une galette des rois

La galette des rois est un disque de pâte feuilletée fourré à la frangipane.

Un gâteau des rois

Dans le sud de la France, le gâteau des rois est une brioche parfumée à la fleur d'oranger, constellée de fruits confits.

Les Rois mages

Selon l'Évangile, les Rois mages, Gaspar, Melchior et Balthazar, vinrent adorer Jésus à sa naissance à Bethléem.

Des fèves

À l'origine, on glissait une véritable fève dans la galette. Aujourd'hui, les fèves sont de petites figurines en porcelaine ou en plastique.

LA FÊTE DE LA CHANDELEUR

Le 12 février, le jour de la Chandeleur, on déguste des crêpes accompagnées de sucre, de confiture ou de chocolat. Mais avant de se régaler, chacun doit faire sauter sa crêpe, une pièce au creux de la main qui tient la poêle. Il faut être adroit pour la retourner en l'air sans la faire tomber !

CHERCHE ET TROUVE :

- **une crêpe qui saute en l'air** 
- **un garçon qui se régale** 
- **un pot de pâte à tartiner et un pot de confiture** 
- **des coquilles d'œufs et une boîte à œufs**  
- **une louche dans de la pâte à crêpe** 
- **un torchon et une manique** 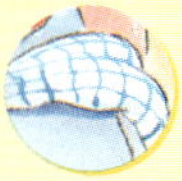 
- **trois cuillères** 

QUI SUIS-JE ?

Je suis en tissu ou en plastique et je protège le devant des vêtements.

Des crêpes

La crêpe est une galette très mince faite avec un mélange de farine, d'œufs, de beurre et de lait, et cuite à la poêle.

Du sucre

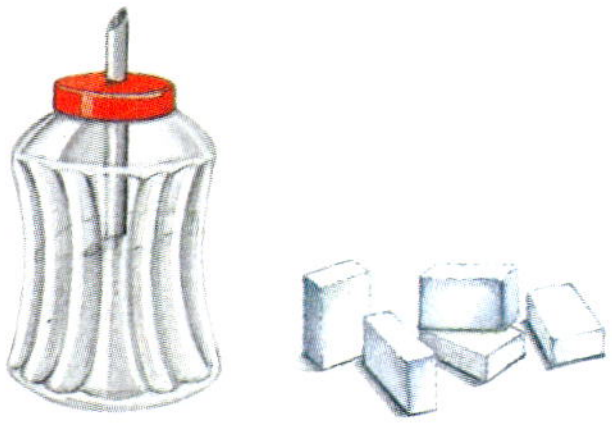

Le sucre s'utilise en morceaux ou en poudre, dans le café, les gâteaux, les yaourts, pour adoucir leur goût.

De la farine

La farine est faite de grains de blé, de seigle, de maïs que l'on moud pour les réduire en poudre.

Du lait

On boit le plus souvent du lait de vache. Le lait est aussi transformé en beurre, en crème et en fromage.

LA FÊTE DE PÂQUES

Dans la religion chrétienne, Pâques est une fête qui célèbre la résurrection du Christ. Pour tous les enfants, c'est l'occasion de partir à la recherche des œufs, des poules et lapins en chocolat. Chacun, un panier à la main, mène une véritable chasse aux trésors dans la maison ou le jardin...

CHERCHE ET TROUVE :

- **l'œuf trouvé par la fille** 
- **six œufs décorés de bleu** 
- **deux poules et deux lapins en chocolat** 
- **la maman enceinte** 
- **un ballon et une corde à sauter** 
- **des primevères et des narcisses** 
- **un arbre fruitier en fleurs** 

QUI SUIS-JE ?

D'habitude, je suis en métal et je carillonne, mais ici je suis en chocolat.

Une cloche de Pâques

En France, on raconte que ce sont les cloches venues de Rome qui déposent les œufs de Pâques.

Un lapin de Pâques

Dans certains pays, on dit que c'est le lapin de Pâques qui apporte les œufs.

Des œufs de Pâques

À Pâques, selon la tradition, on décore des œufs au pochoir, avec des feutres ou de la peinture.

Des primevères

Les primevères fleurissent dès les premiers jours du printemps.

LA FÊTE DES MÈRES

Le dernier dimanche de mai, le jour de la fête des mères, les enfants sont heureux d'offrir à leur maman des dessins, des poèmes, des objets qu'ils ont réalisés eux-mêmes. Le papa fait aussi un cadeau à la mère de ses enfants. Les pères ont également leur fête, mais c'est un peu plus tard, en juin.

CHERCHE ET TROUVE :

- **le dessin réalisé par les deux enfants** 

- **le cadeau fait par la fille** 
- **le cadeau fait par le garçon** 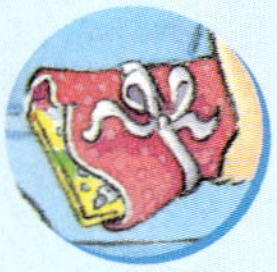
- **des croissants et des pains au chocolat** 
- **le cadeau offert par le papa** 
- **quatre rubans** 
- **le biberon et la théière**  

QUI SUIS-JE ?

Je suis mince et souvent de couleur vive. On m'utilise pour fermer et orner les paquets cadeaux.

Un cadeau

Les enfants aiment emballer et offrir des cadeaux qu'ils ont réalisés tout seuls.

Un collier

Pour faire un collier, on peut enfiler des perles, des pâtes, des coquillages...

Un cadre

Dans un cadre, on place un dessin, une peinture ou une photographie.

Un bouquet

Avec différentes fleurs coupées, le fleuriste compose un bouquet décoratif.

LA FÊTE DE NOËL

À l'origine, Noël est une fête chrétienne qui célèbre l'anniversaire de la naissance de Jésus-Christ. C'est l'occasion, dans de nombreux pays, de se réunir en famille autour d'un bon repas. Le matin du 25 décembre, enfants et parents découvrent leurs cadeaux au pied du sapin décoré.

CHERCHE ET TROUVE :

- un ours en peluche et une boîte de crayons 
- les santons dans la crèche 
- un calendrier de l'avent 
- deux bougies et six étoiles 
- sept cadeaux emballés 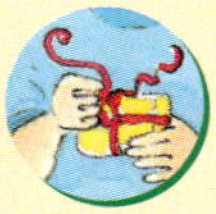
- une couronne de porte 
- une lanterne et des gâteaux 

QUI SUIS-JE ?

D'habitude je brille dans le ciel, ici j'orne le sapin de Noël.

Sainte Lucie

Dans les pays du Nord, le 13 décembre, sainte Lucie offre des gâteaux et des cadeaux.

Santa Claus ou saint Nicolas

Le 6 décembre, saint Nicolas apporte des cadeaux aux enfants belges, hollandais, allemands et scandinaves.

Le Père Noël

En France, on raconte que les cadeaux sont déposés par le Père Noël, la nuit du 24 au 25 décembre.

La Befana

En Italie, c'est la Befana, la sorcière-fée, qui distribue les cadeaux.

LISTE ALPHABÉTIQUE

RÉPONSES AUX « QUI SUIS-JE ? »

p.10 : *le hochet ;* **p. 12 :** *le fauteuil ;* **p. 14 :** *l'armoire ;* **p.16 :** *le robinet ;* **p.18 :** *le sèche-cheveux ;* **p. 20 :** *l'œuf à la coque ;* **p. 22 :** *la tondeuse à gazon ;* **p. 24 :** *les sandal* **p.26 :** *le coussin ;* **p.28 :** *le soleil ;* **p. 30 :** *la pendule ;* **p. 32 :** *la trottinette ;* **p.34 :** *le ruban adhésif ;* **p.36 :** *les cymbales ;* **p. 38 :** *la voiture téléguidée ;* **p.40 :** *le sa* *main ;* **p.42 :** *la pastèque ;* **p. 44 :** *le radis ;* **p.46 :** *le moulin à eau ;* **p. 48 :** *le voilier ;* **p. 50 :** *les vagues ;* **p. 52 :** *le crabe ;* **p. 54 :** *l'escargot ;* **p. 56 :** *la cagoule ;* **p. 58 :** *poisson ;* **p. 60 :** *le lapin ;* **p. 62 :** *le papillon ;* **p. 64 :** *le hérisson ;* **p. 66 :** *le rhinocéros;* **p. 68 :** *l'ours polaire ;* **p. 70 :** *la dépanneuse ;* **p. 72 :** *le camping-car ;* **p. 7** *le pont ;* **p. 76 :** *l'épuisette ;* **p. 78 :** *la bougie ;* **p. 80 :** *la couronne ;* **p. 82 :** *le tablier ;* **p. 84 :** *la cloche ;* **p. 86 :** *le ruban ;* **p. 88 :** *l'étoile.*